226

Merve Verlag

Jean-Luc Nancy
Der Eindringling / L'Intrus
Das fremde Herz

Aus dem Französischen von
Alexander Garcia Düttmann

Merve Verlag Berlin

„L'Intrus" erschien zuerst französisch in der Zeitschrift „Dedale", No9-10, Paris, 1999
„Ex Nihilo" erschien zuerst französisch in der Zeitschrift „Quaderno", No3, Nantes 1999

Postfach 150 927 10671 Berlin
Printed in Germany
Druck- und Bindearbeiten; Dressler, Berlin
Umschlagentwurf: Jochen Stankowski, Dresden
ISBN 3-88396-158-2
www.merve.de

INHALT

L'INTRUS

«il n'y a de fait rien de plus ignoblement inutile et superflu
que l'organe appelé cœur
qui est le plus sale moyen que les êtres aient pu inventer
de pomper la vie en moi»
*Antonin Artaud**

L'intrus s'introduit de force, par surprise ou par ruse, en tout cas sans droit ni sans avoir été d'abord admis. Il faut qu'il y ait de l'intrus dans l'étranger, sans quoi il perd son étrangeté. S'il a déjà droit d'entrée et de séjour, s'il est attendu et reçu sans que rien de lui reste hors d'attente ni hors d'accueil, il n'est plus l'intrus, mais il n'est plus, non plus, l'étranger. Aussi n'est-il ni logiquement recevable, ni éthiquement admissible, d'exclure toute intrusion dans la venue de l'étranger.

Une fois qu'il est là, s'il reste étranger, aussi longtemps qu'il le reste, au lieu de simplement se «naturaliser», sa venue ne cesse pas :il continue à venir, et elle ne cesse pas d'être à quelque égard une intrusion : c'est-à-dire d'être sans droit et sans familiarité, sans accoutumance, mais au contraire un dérangement, un trouble dans l'intimité.

DER EINDRINGLING

Tatsächlich gibt es nichts, was auf so unerträgliche Art und Weise unbrauchbar und überflüssig wäre wie das Organ, das Herz genannt wird, dieses schmutzigste aller Mittel, das die Wesen erfinden konnten, um Leben in mich zu pumpen.
Antonin Artaud

Der Eindringling verschafft sich gewaltsam Eintritt, er kommt überraschend oder bedient sich einer List, auf jeden Fall erscheint er ohne einen rechtmäßigen Anspruch und ohne erst zugelassen worden zu sein. Etwas vom Eindringling muß der Fremde haben, sonst büßt er seine Fremdheit ein. Wenn er bereits zur Einreise berechtigt ist und ein Aufenthaltsrecht hat, wenn er erwartet und empfangen wird, ohne daß seinem Erscheinen etwas Unerwartetes eignet, etwas, das der Aufnahme widersteht, ist er kein Eindringling, aber ebensowenig ein Fremder. Deshalb ist es weder logisch vorstellbar noch ethisch annehmbar, daß dort, wo es um die Ankunft des Fremden geht, alles Eindringen ausgeschlossen wird.

Bleibt er ein Fremder, nachdem er angekommen ist, hört sein Ankommen nicht auf. Er wird nicht einfach "heimisch", zumindest so lange nicht, wie er eben ein Fremder bleibt. Er ist weiterhin einer, der ankommt, der sich im Kommen befindet. Sein Ankommen ist in jeder Beziehung immer noch ein Eindringen. Es kann sich auf kein Recht, keine Vertrautheit, keine Gewöhnung berufen, im Gegenteil: es ist eine Störung, ein Aufruhr im Innersten.

C'est cela qu'il s'agit de penser, et donc de pratiquer : sinon, l'étrangeté de l'étranger est résorbée avant qu'il ait franchi le seuil, il ne s'agit plus d'elle. Accueillir l'étranger, il faut bien que ce soit aussi éprouver son intrusion. Le plus souvent, on ne veut pas l'admettre : le motif de l'intrus est lui-même une intrusion dans notre correction morale (c'est même un exemple remarquable du *politically correct*). Pourtant, il est indissociable de la vérité de l'étranger. Cette correction morale suppose qu'on reçoit l'étranger en effaçant sur le seuil son étrangeté : elle veut donc qu'on ne l'ait point reçu. Mais l'étranger insiste, et fait intrusion. C'est cela qui n'est pas facile à recevoir, ni peut-être à concevoir..

*

J'ai (qui, «je» ? c'est précisément la question, la vieille question : quel est ce sujet de l'énonciation, toujours étranger au sujet de son énoncé, dont il est forcément l'intrus et pourtant forcément le moteur, l'embrayeur ou le cœur) - j'ai, donc, reçu le cœur d'un autre, il y a bientôt une dizaine d'année. On me l'a greffé. Mon propre cœur

Dieses also muß man denken und folglich in Praxis umsetzen. Sonst wird die Fremdheit des Fremden aufgefangen, bevor er überhaupt die Schwelle überquert hat. Es geht dann nicht mehr um seine Fremdheit. Daß man den Fremden empfängt, muß auch darauf hinauslaufen, daß man sein Eindringen erfährt. Meistens will man das nicht wahrhaben und ihn nicht einlassen. Das Motiv des Eindringens bewirkt selber ein Eindringen, ein Eindringen in jenes, was wir moralisch für richtig halten, und in die berichtigende Funktion der Moral. Unsere Weigerung, das Eindringen wahrzuhaben und zu akzeptieren, ist sogar ein bemerkenswertes Beispiel für das Eindringen in die Richtigkeit der *political correctness*. Doch kann man das Eindringen von der Wahrheit des Fremden nicht loslösen. Das moralisch Richtige und Berichtigende setzt voraus, daß man den Fremden empfängt, indem man auf der Schwelle seine Fremdheit auslöscht. Es will, es führt dazu, daß man den Fremden nicht empfängt. Der Fremde behauptet sich aber beharrlich und dringt oder bricht ein. Ein Umstand, den man nicht einfach hin- und annehmen kann, ja vielleicht nicht einmal ungehindert vorstellen und begreifen.

*

Ich (wer, “ich”? das ist genau die Frage, die alte Frage: wer ist dieses aussagende Subjekt, das dem Ausgesagten stets fremd bleibt und zwangsläufig als Eindringling erscheint, obwohl es ebenso zwingend als dessen Antrieb, Schalthebel oder Herz fungiert) - ich, also, habe vor bald zehn Jahren das Herz eines anderen erhalten. Man hat es

(c'est toute la question du «propre», on l'a compris - ou bien ce n'est pas du tout ça, et il n'y a proprement rien à comprendre, aucun mystère, aucune question même : mais la simple évidence d'une transplantation, comme disent de préférence les médecins) - mon propre cœur, donc, était hors d'usage, pour une raison qui ne fut jamais éclaircie. Il fallait donc, pour vivre, recevoir le cœur d'un autre.

(Mais quel autre programme croisait alors mon programme physiologique ? Moins de vingt ans plus tôt, on ne greffait pas, et surtout pas avec recours à la ciclosporine, qui protège contre le rejet du greffon. Dans vingt ans, il est certain qu'il s'agira d'une autre greffe, avec d'autres moyens. On croise une contingence personnelle avec une contingence dans l'histoire des techniques. Plus tôt, je serais mort, plus tard, je serais autrement survivant. Mais toujours «je» se trouve étroitement serré dans un créneau de possibilités techniques. C'est pourquoi le débat est vain, que j'ai vu se déployer, entre ceux qui voulaient que ce fût une aventure métaphysique et ceux qui tenaient pour une performance technique : il s'agit bien des deux, l'une dans l'autre.)

mir eingepflanzt. Mein eigenes Herz (daß es hier um die Frage nach dem "Eigenen" geht, ist wohl deutlich geworden - vielleicht geht es aber doch nicht darum, vielleicht gibt es hier nichts, was es zu verstehen gilt, kein Geheimnis und auch keine Frage, vielleicht geht es hier um die bloße Tatsache einer Transplantation, ein Ausdruck, den vor allem und mit Vorliebe Ärzte gebrauchen) - mein eigenes Herz, also, war unbrauchbar geworden, aus einem Grund, der nie geklärt wurde. Um leben zu können, mußte ich das Herz eines anderen erhalten.

(Welches andere Programm kreuzte so die Bahn meines eigenen physiologischen Programms? Es waren seit den ersten Herzverpflanzungen kaum zwanzig Jahre vergangen, noch neuartiger war der Einsatz des Zyklosporins, das vor der Abwehr des eingepflanzten Organs schützt. In zwanzig Jahren wird es sich mit Sicherheit um eine ganz andere Operation handeln, um eine andere Art der Verpflanzung, bei der man mit ganz anderen Mitteln vorgehen wird. Man kreuzt eine persönliche Kontingenz mit einer Kontingenz in der Geschichte der Technik. Wäre alles früher geschehen, wäre ich gestorben, hätte sich alles später ereignet, hätte ich anders weitergelebt. Immer aber ist das "Ich" eingezwängt in eine Lücke, in den engen Raum, den technische Möglichkeiten schaffen. Deshalb war die Auseinandersetzung müßig, der ich beigewohnt habe und die zwischen jenen stattfand, die in der Verpflanzung entweder ein metaphysisches Abenteuer erblickten oder sie für eine rein technische Angelegenheit hielten. Sie war beides, das eine und das andere, das eine im anderen.)

Dès le moment où l'on me dit qu'il fallait me greffer, tous les signes pouvaient vaciller, tous les repères se retourner. Sans réflexion, bien sûr, et même sans identification d'aucun acte, ni d'aucune permutation. Simplement, la sensation physique d'un vide déjà ouvert dans la poitrine, avec une sorte d'apnée où rien, strictement rien, aujourd'hui encore, ne pourrait démêler pour moi l'organique, le symbolique, l'imaginaire, ni démêler le continu de l'interrompu : ce fut comme un même souffle, désormais poussé à travers une étrange caverne déjà imperceptiblement entr'ouverte, et comme une même représentation, de passer par-dessus bord en restant sur le pont.

Si mon propre cœur me lâchait, jusqu'où était-il le «mien», et «mon propre» organe ? Etait-il même un organe ? Depuis quelques années déjà je connaissais un battement, des brisures de rythme, peu de choses en vérité (des chiffres de machines, comme la «fraction d'éjection», dont le nom me plaisait) : pas un organe, pas une masse musculaire rouge sombre bardée de tuyaux, qu'il me fallait à présent soudain me figurer. Pas «mon cœur» battant sans cesse, aussi absent jusqu'ici que la plante de mes pieds dans la marche.

Il me devenait étranger, il faisait intrusion par défection : presque par réjection, sinon par déjection. J'avais ce cœur

Von dem Augenblick an, da man mir mitteilte, daß mir ein neues Herz eingepflanzt werden mußte, konnten alle Zeichen und alle Anhaltspunkte in eine Bewegung des Schwankens und der Umkehrung geraten. Es bedurfte dazu natürlich nicht des Nachdenkens, ja nicht einmal des Ausmachens einer Handlung oder einer Umwandlung. Da war einfach das körperliche Gefühl einer Leere, die sich bereits in der Brust auftat, als würde die Luft angehalten und der Atem stillstehen. Für mich war und ist es auch heute ganz und gar unmöglich, in dieser Leere das Organische, das Symbolische, das Imaginäre auseinanderzuhalten, und das Durchgängige vom Unterbrochenen zu unterscheiden. Es war wie ein einziger Hauch, ein einziger Seufzer, ausgestoßen in einer bereits unmerklich geöffneten Höhle. Eine einzige Vorstellung: über Bord gehen und zugleich an Deck bleiben.

Wenn mich mein eigenes Herz im Stich ließ - wie sehr und wie weit war es dann "mein" Herz, "mein eigenes" Organ? War es überhaupt ein Organ? Schon seit einigen Jahren fühlte ich ein Pochen, kam es zu Rhythmusstörungen. Wahrlich nicht viel (Chiffren einer Maschine, wie die "Auswurffraktion", ein Ausdruck, der mir gefiel): kein Organ, keine dunkelrote Muskelmasse, die von Schläuchen umringt wird und die ich mir jetzt plötzlich vorstellen mußte. Nicht "mein Herz", ununterbrochen schlagend und bislang so unsichtbar wie meine Fußsohle beim Laufen.

Es wurde mir fremd, gerade durch sein Ausbleiben, sein Abfallen, man könnte fast sagen: durch seine Abwehr oder

au bord des lèvres, comme une nourriture impropre. Quelque chose d'un haut-le-cœur, mais en douceur. Un doux glissement me séparait de moi-même. J'étais là, c'était l'été, il fallait attendre, quelque chose se détachait de moi, ou cette chose surgissait en moi, là où il n'y avait rien : rien que «propre» immersion en moi d'un «moi-même» qui jamais ne s'était identifié comme ce corps, encore moins comme ce cœur, et qui se regardait soudain. Par exemple, montant les escaliers, plus tard, sentant chaque décrochement d'extrasystole comme la chute d'un caillou au fond d'un puits. Comment devient-on pour soi une représentation ? Et un montage de fonctions ? Et où disparaît alors l'évidence puissante et muette qui tenait tout ça sans histoire assemblé ?

Mon cœur devenait mon étranger : justement étranger parce qu'il était dedans. L'étrangeté ne devait venir du dehors que pour avoir d'abord surgi du dedans. Quel vide ouvert soudain dans la poitrine ou dans l'âme - c'est la même chose - lorsqu'on m'a dit : «il faudra une transplantation»... Ici, l'esprit se heurte à un objet nul : rien à savoir, rien à comprendre, rien à sentir. L'intrusion d'un corps étranger à la pensée.

seine Abfuhr drang es ein, wurde es zum Eindringling. Mir war von diesem Herzen ganz schlecht, wie von einem ungeeigneten Nahrungsstück oder einem ungesunden Bissen, alles mußte heraus. Übelkeit, Ekel, ein Auf- und Abstoßen, aber ruhig und unauffällig. Ein sanftes Gleiten trennte mich von mir selber. Da war ich, es war Sommer, ich mußte warten, etwas löste sich von mir ab, oder es tauchte in mir auf, dort, wo nichts war, wo es nichts gab als das "eigene" Eintauchen eines "Ich selbst", das sich nie als dieser Körper ausgewiesen hatte, schon gar nicht als dieses Herz, und das sich plötzlich betrachtete. Immer dann zum Beispiel, wenn es in der nachfolgenden Zeit beim Treppensteigen eine sich absetzende Extrasystole wie das Fallen eines Kieselsteins in die Tiefe eines Brunnens empfand. Wie wird man für sich selber etwas, das man sich vorstellt? Wie wird man für sich selber eine Zusammensetzung von Funktionen? Und wohin verschwindet die mächtige und stumme Selbstverständlichkeit, die einst alles zusammenhielt, ohne Aufhebens zu machen?

Mein Herz wurde nun zu meinem Fremden. Fremd wurde es gerade deshalb, weil es sich innen befand. Von außen konnte der Fremde nur in dem Maße kommen, in dem er zunächst innen aufgetaucht war. Welch' Leere tat sich plötzlich in meiner Brust und in meiner Seele auf (sind doch beide das Gleiche), als man mir sagte: "Eine Verpflanzung wird nötig sein"... Der Geist stößt sich hier an einem nichtigen Gegenstand. Es gibt an dieser Stelle nichts, was man wissen, verstehen, wahrnehmen könnte. Eindringen eines dem Denken fremden Körpers. Diese Leere, diese

Ce blanc me restera comme la pensée même et son contraire en même temps.

Un cœur qui ne bat qu'à moitié n'est qu'à moitié mon cœur. Je n'étais déjà plus en moi. Je viens déjà d'ailleurs, ou bien je ne viens plus. Une étrangeté se révèle «au cœur» du plus familier - mais familier est trop peu dire : au cœur de ce qui jamais ne se signalait comme «cœur». Jusqu'ici, il était étranger à force de n'être même pas sensible, même pas présent. Désormais, il défaille, et cette étrangeté me rapporte à moi-même. «Je» suis, parce que je suis malade. («Malade» n'est pas le terme exact : ce n'est pas infecté, c'est rouillé, raide, bloqué.) Mais celui qui est fichu, c'est cet autre, mon coeur. Ce cœur désormais intrus, il faut l'extruder.

*

Sans doute, cela n'a lieu qu'à la condition que je le veuille, et quelques autres avec moi. «Quelques autres» : ce sont mes proches, mais aussi les médecins, et enfin moi-même, qui me découvre ici plus double ou plus multiple que jamais. Il faut que tout ce monde à la fois, pour des motifs chaque fois différents, s'accorde à penser qu'il vaut la

Lücke, dieses Weiß werden mir bleiben. Sie sind das Denken selbst und gleichzeitig auch sein Gegenteil.

Ein Herz, das nur zur Hälfte schlägt, ist nur zur Hälfte ein Herz. Ich war nicht mehr in mir selber. Ich komme bereits von außerhalb, von einem anderen Ort, oder ich komme überhaupt nicht. Das Fremdartige offenbart sich "im Herzen" des Vertrautesten - doch von Vertrautheit zu reden, reicht nicht aus: Fremdartiges offenbart sich im Herzen dessen, was sich nie als "Herz" zu erkennen gegeben hat. Bislang war das Herz fremd, weil es nicht einmal wahr- und aufgenommen werden konnte, weil es nicht einmal gegenwärtig war. Von jetzt an läßt es nach, wird es schwächer. Diese Fremdheit bringt mich zu mir, macht mein Verhältnis zu mir selber aus. "Ich" bin, weil ich krank bin. ("Krank" ist nicht das richtige Wort, ebensowenig "angesteckt": "rostig", "starr", "festsitzend" sind die richtigen Wörter.) Doch erledigt ist dies andere, mein Herz. Dieses Herz, nunmehr ein Eindringling, muß ausgestoßen werden.

*

Zweifellos wird sich das alles nur ereignen, wenn ich es so wünsche - und gemeinsam mit mir einige andere. "Einige andere": das sind die, die mir nahestehen, meine Angehörigen, aber auch die Ärzte und letztlich ich selber, der ich mich mehr denn je als doppelt oder mannigfach erfahre. All' diese Leute müssen sich aus jeweils verschiedenen Gründen darüber einig werden, daß es sich lohnt, mein

peine de prolonger ma vie. Il n'est pas difficile de se représenter la complexité de l'ensemble étranger qui intervient ainsi au plus vif de «moi». Passons sur les proches, et passons sur moi-» même» (qui pourtant, je l'ai dit, se dédouble : un étrange suspens de jugement me fait me représenter mourir, sans révolte, sans attrait non plus...on sent le cœur lâcher, on pense qu'on va mourir, on sent qu'on ne va plus rien sentir). Mais les médecins - qui sont ici toute une équipe - interviennent beaucoup plus que je ne l'aurais pensé : ils doivent d'abord juger de l'indication de greffe, puis ils doivent la proposer, non l'imposer (pour cela, ils me diront qu'il y aura un «suivi» contraignant, sans plus - et que pourraient-ils assurer de plus ? huit ans plus tard, et après bien d'autres ennuis, j'aurai un cancer provoqué par le traitement; mais je survis encore aujourd'hui : qui dira ce qui «vaut la peine», et quelle peine ?).

Mais les médecins doivent aussi, je l'apprendrai par bribes, décider d'une inscription en liste d'attente (et pour moi, par exemple, accéder à ma demande de ne m'inscrire qu'à

Leben zu verlängern. Es ist nicht schwer, sich das Verwickelte dieses Zusammenspiels von Fremden vorzustellen, die eingreifen, wo "ich" am empfindlichsten bin. Lassen wir die Angehörigen beiseite, auch mich "selber" (ein Ich, das sich, wie ich gerade bemerkt habe, verdoppelt: ein eigenartiges Aussetzen meiner Urteilskraft führt dazu, daß ich mir beim Sterben zusehe, ohne mich gegen diese Vorstellung aufzulehnen und ohne mich doch von ihr anziehen zu lassen... man fühlt, wie das Herz schwach wird und nachgibt, man merkt, daß man stirbt, man fühlt, daß man nichts mehr fühlen wird). Die Ärzte, die ein regelrechtes Team bilden, greifen viel stärker ein, als ich gedacht hätte. Sie müssen zunächst über die Indikation entscheiden, dann die Verpflanzung vorschlagen, sie nicht einfach aufzwingen. (Sie werden mir sagen, daß ich in der Zeit nach der Operation ein von Einschränkungen bestimmtes und unter ärztlicher Aufsicht stehendes Leben führen werde, ohne mir Genaues mitzuteilen. Was hätten sie mir auch noch mitteilen oder versichern sollen? Acht Jahre nach der Operation, nachdem ich bereits viele andere Schwierigkeiten mit meiner Gesundheit gehabt habe, erregt meine Behandlung einen Krebs; doch bis heute lebe ich weiter: wer wird festlegen wollen, was die Anstrengung "lohnt" und was der Mühe "wert" ist, welche "Anstrengung" sich lohnt und welche "Mühe" es wert ist?)

Die Ärzte müssen ebenfalls, wie ich nach und nach erfahren werde, über die Eintragung in eine Warteliste entscheiden (und in meinem Fall auf meine Forderung eingehen, mich

la fin de l'été : ce qui suppose une certaine confiance dans la tenue du cœur), et cette liste suppose des choix : ils me parleront d'une personne manifestement hors d'état d'assurer le suivi médical d'une greffe, la prise de médicaments en particulier. Je sais aussi que je ne peux être greffé que d'un cœur du groupe O+, ce qui limite les possibilités. Je ne poserai jamais la question : comment décide-t-on, et qui décide, lorsqu'un greffon disponible convient pour plus d'un greffé potentiel ? On sait que la demande, ici, excède l'offre... D'emblée, ma survie est inscrite dans un processus complexe tissé d'étrangers et d'étrangetés.

Sur quoi faut-il qu'il y ait un accord de tous dans la décision finale ? Sur une survie qu'on ne peut considérer du strict point ce vue d'une pure nécessité : où irait-on la prendre ? Qu'est-ce qui obligerait à me faire survivre ? Cette question ouvre sur un grand nombre d'autres : pourquoi moi ? pourquoi survivre en général ? que signifie «survivre» ? est-ce d'ailleurs un terme approprié ? en quoi une durée de vie est-elle un bien ? j'ai alors cinquante ans : cet âge n'est jeune que pour une population de pays développé à la fin du XXe siècle...

nicht vor Ende des Sommers einzutragen, was ein gewißes Vertrauen in die Ausdauer meines Herzens voraussetzt), über eine Eintragung, die mit dem Treffen einer Wahl einhergeht. Sie werden mir von jemandem berichten, der offensichtlich nicht in der Lage ist, nach der Verpflanzung für die erforderliche ärztiche Betreuung zu sorgen und sich um die Medikamentierung zu kümmern. Ich erfahre auch, daß nur ein Herz der Gruppe O+ in meine Brust eingepflanzt werden kann, was den Bereich des Möglichen einengt. Ich werde nie die Frage stellen: Wie entscheidet man und wer trifft eine Entscheidung, wenn ein für die Verpflanzung verfügbares Organ mehr als nur einem wartenden Patienten dienen könnte? Es ist bekannt, daß die Nachfrage das Angebot übersteigt... Von Anfang an ist mein Über- und Weiterleben in einen komplexen, von Fremden und Fremdartigem gebildeten Prozeß verwickelt.

Worüber müssen sich bei der letzten Entscheidung alle einig sein? Über ein Fortleben, das man strenggenommen nicht von dem Standpunkt einer reinen Notwendigkeit aus betrachten kann - wo würde man eine solche Notwendigkeit ausfindig machen wollen? Was würde dazu nötigen, mein Überleben zu sichern? Diese Frage führt dazu, viele andere Fragen aufzuwerfen. Warum ich? Warum soll man überhaupt fortleben? Was heißt “Überleben”, “Fortleben”, “Weiterleben”? Sind das denn angemessene Ausdrücke? In welcher Hinsicht ist die Lebensdauer ein Gut? Ich bin zu jenem Zeitpunkt fünfzig Jahre alt. Ein junges Alter nur für die Bevölkerung eines entwickelten Landes im ausgehenden zwanzigsten Jahrhundert... In diesem Alter zu

Mourir à cet âge n'avait rien de scandaleux il y a deux ou trois siècles seulement. Pourquoi le mot «scandaleux» peut-il me venir aujourd'hui dans ce contexte ? Et pourquoi, et comment, n'y a-t-il plus pour nous, «développés» de l'an 2000, de «juste temps» pour mourir (guère avant quatre-vingt, et cela ne va pas cesser d'avancer) ? Un médecin me dit un jour, lorsqu'on eut renoncé à trouver une cause de ma cardiomyopathie, «votre cœur était programmé pour durer jusqu'à cinquante ans». Mais quel est ce programme dont je ne peux faire ni destin, ni providence ? Ce n'est qu'une courte séquence programmatique dans une absence générale de programme.

Où sont ici la justesse et la justice ? Qui les mesure, qui les prononce ? Tout me viendra d'ailleurs et du dehors en cette affaire - tout comme mon cœur, mon corps, me sont venus d'ailleurs, sont un ailleurs «en» moi.

Je ne prétends pas traiter la quantité avec mépris, ni déclarer que nous ne savons plus compter qu'avec une durée de vie, indifférents à sa «qualité». Je suis prêt à reconnaître que même dans une formule comme «c'est toujours ça de pris» se cachent bien plus de secrets qu'il n'y paraît. La vie ne peut que pousser à la vie. Mais elle va aussi à la mort : pourquoi allait-elle en moi à cette limite du cœur ? Pourquoi ne l'aurait-elle pas fait ?

sterben, war noch vor zwei- oder dreihundert Jahren nichts Ungeheuerliches oder Skandalöses. Weshalb fällt mir heute und in diesem Zusammenhang das Wort "skandalös" ein? Wie ist es möglich, daß es für uns, die "Entwickelten" des Jahres 2000, keine "rechte Zeit" zum Sterben mehr gibt (zumindest dann nicht, wenn man jünger ist als achtzig Jahre, ein Alter, das sich weiterhin erhöhen wird)? Nachdem man die Suche nach der Ursache für meine Kardiomyopathie aufgegeben hatte, sagte mir ein Arzt, mein Herz sei programmiert gewesen, um bis zum fünfzigsten Lebensjahr zu schlagen. Doch was ist das für ein Programm, in dem ich weder ein Schicksal noch eine Vorsehung zu erblicken vermag? Es ist lediglich eine kurze programmatische Folge in der allgemeinen Abwesenheit eines Programms.
Wo soll man hier das Rechte und das Gerechte ausmachen? Wer bemißt es, wer teilt es mit, wer verkündet, was recht und gerecht ist? In dieser ganzen Angelegenheit wird mir alles von einem anderen und von einem äußeren Ort aus zustoßen, so wie ich auch mein Herz, meinen Körper von woanders erhalten habe und sie ein Woanders "in" mir sind.

Ich möchte die Quantität nicht geringschätzen, und ebensowenig behaupten, daß bloß die Lebensdauer noch zählt, daß wir uns ihrer Qualität gegenüber gleichgültig verhalten. Ich bin bereit, anzuerkennen, daß sogar die Redensart "Was man hat, hat man" mehr Rätsel aufgibt, als es den Anschein hat. Das Leben kann nur auf das Leben zutreiben. Doch bewegt es sich auch auf den Tod hin: warum trieb es in mir zu dieser Grenze des Herzens? Warum nicht?

Isoler la mort de la vie, ne pas prendre l'une intimement tressée dans l'autre, chacune faisant intrusion au cœur de l'autre, voilà ce qu'il ne faut jamais faire.

Depuis huit ans, j'aurai tant entendu, et j'aurai tant redit moi-même, pendant les épreuves : «mais sinon, tu ne serais plus là!». Comment penser cette espèce de quasi-nécessité, ou de caractère désirable, d'une présence dont l'absence aurait toujours pu, tout simplement, configurer autrement le monde de quelques-uns. Au prix d'une souffrance ? Assurément. Mais pourquoi toujours relancer l'asymptote d'une absence de souffrance ? Vieille question, mais que la technique exacerbe et porte à un degré auquel, il faut l'avouer, nous sommes loin d'être prêts.

Depuis l'époque de Descartes, au moins, l'humanité moderne a fait du vœu de survie et d'immortalité un élément dans un programme général de «maîtrise et possession de la nature». Elle a programmé ainsi une étrangeté croissante de la «nature». Elle a ravivé l'étrangeté absolue de la double énigme de la mortalité et de l'immortalité. Ce que les religions représentaient, elle l'a porté à la puissance d'une technique qui repousse la fin en tous les sens de l'expression : en prolongeant le terme, elle étale une absence de fin:

Den Tod vom Leben abtrennen, Leben und Tod nicht als eng verwoben ansehen, als etwas, das mitten in das Herz des anderen eindringt - genau das darf man nie tun.

“Aber sonst wärst Du nicht mehr da!” Seit acht Jahren nun, ausgesetzt den Belastungen und Prüfungen, höre ich immer wieder diesen Satz, wiederhole ich ihn in meinem Inneren. Wie soll man diese Beinahe-Notwendigkeit, das Wünschenswerte einer Gegenwart denken, deren Fehlen die Welt einiger Menschen einfach zu einer anderen Welt gemacht hätte? Als eine um den Preis eines Leidens erkaufte Gegenwart, als ein um den Preis eines Schmerzes erkauftes Fehlen? Gewiß. Aber weshalb muß man stets die asymptotische Linie einer Abwesenheit von Schmerz und Leiden ziehen? Alte Frage, deren Dringlichkeit die Technik steigert - bis zu einem Grad, dem wir, wie wir zugeben müssen, noch lange nicht gewachsen sind.

Spätestens seit Descartes hat die moderne Menschheit den Wunsch nach einem Fortleben und nach der Unsterblichkeit in ein Moment des allgemeinen Programms einer “Beherrschung und Aneignung der Natur” verwandelt. Sie hat so einem Anwachsen der Fremdheit der “Natur” den Weg vorgezeichnet. Sie hat die absolute Fremdheit des doppelten Rätsels, das in der Sterblichkeit und in der Unsterblichkeit liegt, zu neuem Leben erweckt. Jenes, für das die Religionen einstanden, hat sie als Kraft einer Technik zugeführt, die das Ende aufschiebt und mit ihm den Zweck. Indem sie die Dauer verlängert, zeigt sie eine End- und Ziellosigkeit an, ein Fehlen von Ende und Zweck. Welches

quelle vie prolonger, dans quel but ? Différer la mort, c'est aussi l'exhiber, la souligner.

Il faut seulement dire que l'humanité ne fut jamais prête à aucun état de cette question, et que son impréparation à la mort n'est que la mort elle-même : son coup et son injustice.

*

Ainsi, l'étranger multiple qui fait intrusion dans ma vie (ma mince vie essoufflée, parfois glissant dans le malaise au bord d'un abandon seulement étonné) n'est autre que la mort, ou plutôt la vie/la mort : une suspension du continuum d'être, une scansion où «je» n'ai pas grand-chose à faire. La révolte et l'acceptation sont également étrangères à la situation. Mais rien qui ne soit étranger. Le moyen de survie, lui-même, lui d'abord, est d'une étrangeté complète : qu'est-ce que cela peut être, de remplacer un cœur ? La chose excède mes possibilités de représentation. (L'ouverture de tout le thorax, le maintien en état du greffon, la circulation extra-corporelle du sang, la suture des vaisseaux... J'entends bien que les chirurgiens déclarent l'insignifiance de ce dernier point : dans les pontages, les vaisseaux sont bien plus petits.

Leben soll man verlängern - und zu welchem Zweck? Daß man den Tod aufschiebt, bedeutet auch, daß man ihn ausstellt und dadurch hervorhebt.

Man muß eben feststellen, daß die Menschheit zu keinem Zeitpunkt vorbereitet gewesen ist, um auf eine der Formulierungen dieser Frage zu antworten. Ihr Mangel an Vorbereitung auf den Tod ist bloß der Tod selber: sein überwältigendes Eintreten und seine Ungerechtigkeit.

*

Der vielgestaltige Fremde, der in mein Leben eindringt (in mein abgenutztes, erschöpftes Leben, das manchmal ins Übel abgleitet, bis an den Rand eines lediglich erstaunten Aufgebens), ist also kein anderer als der Tod, oder vielmehr: als das Leben/der Tod - Aufhebung eines Seinszusammenhangs, Skandieren, das mir nicht viel läßt, was "ich" tun könnte. Auflehnung und Einwilligung bleiben der Lage gegenüber gleichermaßen fremd. Doch gibt es nichts, was nicht fremd wäre und bliebe. Gerade das Mittel, das "mein" Über- und Weiterleben ermöglicht, ist selber etwas ganz und gar Fremdartiges. Was kann das sein - ein Herz ersetzen? Die Sache übersteigt mein Vorstellungsvermögen. (Die Öffnung des gesamten Brustkorbs, die Instandhaltung des zu verpflanzenden Organs, der externe Blutkreislauf, für den die Herz-Lungen-Maschine sorgt, das Vernähen der Koronargefäße... Ich verstehe durchaus, weshalb die Chirurgen diesen Punkt für unwesentlich erachten: die Koronargefäße, die der Bypass verbindet,

Mais il n'empêche : la transplantation impose l'image d'un passage par le néant, d'une sortie dans un espace vidé de toute propriété ou de toute intimité, ou bien au contraire de l'intrusion en moi de cet espace : tuyaux, pinces, sutures et sondes.)

*

Quelle est cette vie «propre» qu'il s'agit de «sauver» ? Il s'avère donc au moins que cette propriété ne réside en rien dans «mon» corps. Elle n'est située nulle part, ni dans cet organe dont la réputation symbolique n'est plus à faire.

(On dira : reste le cerveau. Et bien entendu, l'idée de greffe du cerveau agite de temps à autre les chroniques. L'humanité en reparlera sans doute un jour. Pour le moment, il est admis qu'un cerveau ne survit pas sans un reste du corps. En revanche, et pour en rester là, il survivrait peut-être avec un système entier de corps étrangers greffés...)

Vie «propre» qui n'est dans aucun organe et qui sans eux n'est rien. Vie qui non seulement survit, mais qui vit toujours proprement, sous une triple emprise étrangère : celle de la décision, celle de l'organe, celle des suites de la greffe.

*

sind verhältnismäßig klein. Trotzdem drängt sich bei der Verpflanzung das Bild eines Durchgangs durch das Nichts auf, eines Heraustretens in einen Raum, der von allem Eigenen, von allem Inwendigen und Vertrauten geleert worden ist. Oder dringt nicht vielmehr dieser Raum in mich ein: Schläuche, Pinzetten, Nähte und Sonden?)

*

Was ist dieses "eigene" Leben, das man "retten" soll? Das Eigene ist, wie man sieht, keine Eigenheit, die "meinem" Körper angehört. Nirgends läßt es sich verorten, auch nicht in dem Organ, das sich um seinen symbolischen Ruf nicht mehr zu kümmern braucht.

(Man wird mir entgegnen, daß ich das Hirn übersehe. Kein Zweifel, daß die Verpflanzung des Hirns hin und wieder die Gerüchteküche anheizt. Die Menschheit wird sich sicherlich damit einmal beschäftigen. Im Augenblick geht man davon aus, daß ein Hirn ohne ein Körperüberbleibsel nicht existieren kann. Begnügen wir uns mit einer Hypothese: vielleicht könnte ein ganzes System fremder verpflanzter Körper[teile] die Existenz des Hirns sichern...)

"Eigen"leben, das sich in keinem Organ findet und das es ohne Organe nicht geben würde. Leben, das nicht bloß überlebt, Leben, das immer noch im eigentlichen Sinne lebt, unter dem Einfluß einer dreifachen Fremdbestimmung: der einer Entscheidung, der des Organs, der aller Folgen der Verpflanzung.

D'abord la greffe se présente comme une *restitutio ad integrum* : on a retrouvé un cœur battant. A cet égard, toute la symbolique douteuse du don de l'autre, d'une complicité ou d'une intimité secrète, fantomatique, entre l'autre et moi, s'effrite très vite; il semble d'ailleurs que son usage, encore répandu lorsque je fus greffé, disparaisse peu à peu des consciences des greffés : il y a déjà une histoire des représentations de la greffe. On a beaucoup mis l'accent sur la solidarité, voire sur une fraternité, entre les «donneurs» et les receveurs, dans le but d'inciter au don d'organes. Et nul ne peut douter que ce don soit devenu une obligation élémentaire de l'humanité (aux deux sens du mot), ni qu'il institue entre tous, sans autres limites que les incompatibilités de groupes sanguins (sans limites sexuelles ou ethniques, en particulier : mon cœur peut être un cœur de femme noire), une possibilité de réseau où la vie/mort est partagée, où la vie se connecte avec la mort, où l'incommunicable communique.

Très vite cependant, l'autre comme étranger peut se manifester : ni la femme, ni le noir, ni le jeune homme ou le Basque, mais l'autre immunitaire, l'autre insubstituable

*

Zunächst einmal erscheint die Verpflanzung als eine *restitutio ad integrum*. Man hat ein schlagendes Herz gefunden. Ziemlich schnell löst sich die zweifelhafte Symbolik einer Gabe des anderen auf, einer geheimen, gespensterhaften Komplizität oder Intimität, die den anderen mit mir verbindet. Als ich operiert wurde, war sie noch ziemlich weit verbreitet. Wie es scheint, wird sie aber immer seltener gebraucht und verschwindet aus dem Bewußtsein derer, denen ein Organ eingepflanzt worden ist. Es gibt bereits eine Geschichte der Darstellungen der Verpflanzung. Um zur Organspende anzuhalten, hat man die Solidarität, ja die Brüderlichkeit stark betont, die zwischen "Spendern" und Empfängern vorherrschen sollte. Keiner kann daran zweifeln, daß die Spende von Organen zur elementaren Pflicht der Menschheit und der Menschlichkeit geworden ist, und daß sie die Möglichkeit einer Vernetzung aller schafft, die, sieht man von der Unvereinbarkeit zwischen Blutgruppen ab, keine Grenzen kennt - keine sexuellen oder ethnischen Grenzen. In meinem Fall kann mein Herz das einer schwarzen Frau sein. In diesem Netz, in diesem Zusammenhang, wird das Leben/der Tod geteilt, verbindet sich das Leben mit dem Tod, teilt sich mit, was nicht mitteilbar ist.

Doch dauert es nicht lange, bis sich der andere als Fremder kundtut. Nicht die Frau, nicht der Schwarze, nicht der junge Mann oder der Baske, sondern der durch seine Immunität gekennzeichnete andere, der unersetzbar andere, den man

qu'on a pourtant substitué. Cela se nomme le «rejet» : mon système immunitaire rejette celui de l'autre. (Cela veut dire : «j'ai» deux systèmes, deux identités immunitaires...) Bien des gens croient que le rejet consiste littéralement à recracher son cœur, à le vomir : après tout, le mot paraît choisi pour le faire croire. Ce n'est pas cela, mais il s'agit bien de ce qui est intolérable dans l'intrusion de l'intrus, et c'est très vite mortel si on ne le traite pas.

La possibilité du rejet installe dans une double étrangeté : d'une part, celle de ce cœur greffé, que l'organisme identifie et attaque en tant qu'étranger, et d'autre part, celle de l'état où la médecine installe le greffé pour le protéger. Elle abaisse son immunité, pour qu'il supporte l'étranger. Elle le rend donc étranger à lui-même, à cette identité immunitaire qui est un peu sa signature physiologique.

Il y a l'intrus en moi, et je deviens étranger à moi-même. Si un rejet est très fort, il faut me traiter pour me faire résister aux défenses humaines (cela se fait avec une

ersetzt hat. Man spricht von einer “Abstoßung”. Mein Immunsystem stößt das des anderen ab. (Das bedeutet, daß “ich” zwei Systeme “habe”, daß “meine” Immunität aus zwei Identitäten besteht...) Viele Menschen glauben, daß die Abstoßung buchstäblich einem Ausspeien oder Erbrechen des Herzens gleichkommt; schließlich scheint das Wort gewählt worden zu sein, um gerade diese Vorstellung hervorzurufen. Es handelt sich natürlich nicht um einen solchen Vorgang, doch handelt es sich durchaus um ein Eindringen des Eindringlings, das sich bald als tödlich erweist, wenn die behandelnden Ärzte nichts dagegen unternehmen.

Die Möglichkeit der Abstoßung zeitigt eine doppelte Fremdheit. Auf der einen Seite zeitigt sie die Fremdheit des verpflanzten Herzens, das der Organismus als Fremdkörper identifiziert und angreift; auf der anderen Seite zeitigt sie die Fremdheit des Zustands, in den die Medizin den Patienten versetzt, um ihn zu beschützen. Die Medizin vermindert dessen Immunität, damit er das Fremde erträgt. Sie entfremdet den Patienten also seiner selbst, der Identität seiner Immunität, die so etwas wie seine physiologische Signatur ist.

Der Eindringling befindet sich in mir: ich werde mir selber fremd. Wenn es zu einer sehr heftigen Abstoßung kommt, muß man mich behandeln, damit ich den menschlichen Abwehrkräften widerstehen kann. (Man tut das mit einem dem Hasen abgewonnenen Immunoglobulin, das einem “anti-humanen” Zweck dient, wie die Gebrauchsinfor-

immunoglobuline issue du lapin et destinée à cet usage «anti-humain», ainsi qu'il est spécifié sur sa notice, et dont je me rappelle les effets surprenants, de tremblements presque convulsifs).

Mais devenir étranger à moi ne me rapproche pas de l'intrus. Il semblerait plutôt que s'expose une loi générale de l'intrusion : il n'y en a pas une seule, et dès qu'il y en a, elle se multiplie, elle s'identifie dans ses différences internes renouvelées.

Ainsi, je connaîtrai à plusieurs reprises le virus du zona, ou le cytomegalovirus, étrangers endormis en moi depuis toujours et soudain réveillés contre moi par la nécessaire immuno-dépression.

*

A tout le moins, il se produit ceci : identité vaut pour immunité, l'une s'identifie à l'autre. Abaisser l'une, c'est abaisser l'autre. L'étrangeté et l'étrangéreté deviennent communes et quotidiennes. Cela se traduit par une extériorisation constante de moi : il faut me mesurer, me contrôler, me tester. On nous barde de recommandations

mation es ausdrückt; ich erinnere mich an die überraschenden Nebenwirkungen, an die Schüttelkrämpfe, die das Medikament bei mir verursacht hat.)

Daß ich mir selber fremd werde, bringt mich jedoch nicht dem Eindringling näher. Vielmehr scheint es so, als würde sich an dieser Stelle ein allgemeines Gesetz des Eindringens zu erkennen geben: Es gibt kein einmaliges Eindringen, sobald es ein Eindringen gibt, vervielfältigt es sich bereits, bestimmt es sich in immer neuen immanenten Unterscheidungen.

So werde ich mehrmals an dem Wirken eines Varizellen-Zoster- und eines Zytomegalie-Virus leiden, an dem Wirken von Fremden, die sich latent immer schon in mir befanden und die nun plötzlich, durch die notwendige Schwächung des Immunsystems zum Leben erweckt, gegen mich mobil machen.

*

Was in jedem Fall geschieht, ist eine Gleichsetzung von Identität und Immunität. Identität steht für Immunität. Wenn man die Immunität schwächt, schwächt man auch die Identität. Fremdheit und Fremdsein werden alltäglich und gemein. Das zeigt sich in einem ständigen Heraustreten aus mir selber: man muß mich messen, kontrollieren, testen. Man rüstet uns mit Empfehlungen aus, die sich alle

vis-à-vis du monde extérieur (les foules, les magasins, les piscines, les petits enfants, les malades). Mais les ennemis les plus vifs sont à l'intérieur : les vieux virus tapis depuis toujours dans l'ombre de l'immunité, les intrus de toujours, puisqu'il y en a toujours eu.

Dans ce dernier cas, pas de prévention possible. Mais des traitements qui déportent encore dans des étrangetés. Qui fatiguent, qui abîment l'estomac, ou bien la douleur hurlante du zona... A travers tout ça, quel «moi» poursuit quelle trajectoire ?

*

Quel étrange moi !

Ce n'est pas qu'on m'ait ouvert, béant, pour changer de cœur. C'est que cette béance ne peut pas être refermée. (D'ailleurs, chaque radiographie le montre, le sternum est recousu avec des bouts de fil de fer tordus.) Je suis ouvert fermé. Il y a là une ouverture par où passe un flux incessant d'étrangeté : les médicaments immuno-dépresseurs, les autres médicaments chargés de combattre certains effets dits secondaires, les effets qu'on ne sait pas combattre (comme la dégradation des reins), les contrôles

auf die Außenwelt richten (Vorsicht vor Menschenansammlungen, Kaufhäusern, Schwimmbädern, Kleinkindern, Kranken). Doch die lebendigsten und beweglichsten Feinde lauern im Innern. Es sind die alten Viren, verdeckt im Schatten der Immunität, die ewigen Eindringlinge - hat es sie doch immer gegeben.

Was diese Viren angeht, kann man nichts tun, um gegen ihr Wirken vorzubeugen. Es gibt nur Behandlungen, die einen wiederum in den Bereich des Fremdartigen deportieren. Sie ermüden, zerstören den Magen, provozieren einen schreienden Schmerz, wie im Falle des Varizellen-Zoster-Virus... Welches "Selbst" folgt bei all dem welcher Bahn?

*

Welch' seltsames und fremdes Selbst!

Nicht, weil man mich geöffnet und durch die klaffende Öffnung "mein" Herz ersetzt hat, sondern weil sich das Aufklaffende nicht mehr schließen läßt. (Jede Radiographie verdeutlicht es: das Brustbein ist mit den gewundenen Enden eiserner Fäden vernäht.) Ich bin offen geschlossen. Da ist eine Öffnung, durch die eine unaufhaltsame Strömung von Fremdartigem fließt: die Medikamente, die eine Immunschwäche hervorrufen, die anderen Medikamente, die bestimmte sogenannte Sekundärfolgen bekämpfen, die Folgen, die man nicht bekämpfen kann (Abbau der Nierenfunktion), die wiederholten Kontrolluntersuchungen

renouvelés, toute l'existence mise sur un nouveau registre, balayée de part en part. La vie scannée et reportée sur de multiples registres dont chacun inscrit d'autres possibilités de mort.

C'est donc ainsi moi-même qui deviens mon intrus, de toutes ces manières accumulées et opposées.

Je le sens bien, c'est beaucoup plus fort qu'une sensation : jamais l'étrangeté de ma propre identité, qui me fut pourtant toujours si vive, ne m'a touché avec cette acuité. «Je» est devenu clairement l'index formel d'un enchaînement invérifiable et impalpable. Entre moi et moi, il y eut toujours de l'espace-temps : mais à présent il y a l'ouverture d'une incision, et l'irréconciliable d'une immunité contrariée.

*

Arrive encore le cancer : un lymphome, dont jamais je n'avais remarqué que l'éventualité (certes pas la nécessité : peu de greffés y passent) était signalée dans la notice imprimée de la ciclosporine. Il provient de l'abaissement immunitaire. Le cancer est comme la figure mâchée, crochue et ravageuse de l'intrus. Etranger à moi-même, et moi-même m'étrangeant. Comment dire ? (Mais on dispute encore de la nature exogène ou endogène des phénomènes cancéreux.)

- das ganze Dasein in ein neues Register eingetragen, vollkommen leergefegt; das Leben dem Scanner ausgesetzt und auf verschiedene Register verteilt, die jeweils mit neuen Möglichkeiten des Sterbens einhergehen.

So werde ich selber zu meinem eigenen Eindringling, auf all diese angehäuften und einander entgegengesetzten Weisen.

Ich kann es genau fühlen, da es viel stärker ist als ein Gefühl: nie hat die Fremdheit meiner Identität, die ich stets deutlich empfunden habe, mich so heftig berührt und sich mit solcher Schärfe bemerkbar gemacht. Das "Ich" ist deutlich zum formalen Index einer nicht nachprüfbaren und nicht faßbaren Verkettung geworden. Immer schon hat sich zwischen meinem Selbst und meinem Selbst ein Zeitraum erstreckt; doch jetzt ist da die Öffnung eines Einschnitts, das Unversöhnliche einer Immunität, der man in die Quere gekommen ist.

*

Sogar eine Krebsgeschwulst bildet sich, ein Lymphoma. In der gedruckten Information zum Gebrauch des Zyklosporins hatte ich diese Möglichkeit übersehen. Es rührt von der Schwächung des Immunsystems her. Der Krebs ähnelt einer elenden, krummen und verwüstenden Gestalt des Fremden. Mir selber fremd, und ich selber fremd werdend. Wie soll man es ausdrücken? (Man streitet sich aber noch darüber, ob die krebsartigen Erscheinungen endogenen oder exogenen Wesens sind.)

Ici aussi, d'une autre manière, le traitement exige une intrusion violente. Il incorpore une quantité d'étrangeté chimiothérapique et radiothérapique. En même temps que le lymphome ronge le corps et l'épuise, les traitements l'attaquent, le font souffrir de plusieurs manières - et la souffrance est le rapport d'une intrusion et de son refus. Même la morphine, qui calme les douleurs, provoque une autre souffrance, d'abrutissement et d'égarement.

Le traitement le plus élaboré se nomme «autogreffe» (ou «greffe de cellules-souches) : après avoir relancé ma production lymphocytaire par des «facteurs de croissance», on me prélève, pendant cinq jours de suite, des globules blancs (on fait circuler tout le sang hors du corps, et on prélève au passage). On les congèle. Puis on me met en chambre stérile pour trois semaines, on pratique une chimiothérapie très forte, qui met à plat la production de ma moelle avant de la relancer à neuf en me réinjectant les cellules-souches congelées (une étrange odeur d'ail règne pendant cette injection...). L'abaissement immunitaire devient extrême, d'où fortes fièvres, mycoses, désordres en série, avant que la production de lymphocytes ne reprenne.

On sort égaré de l'aventure. On ne se reconnaît plus : mais

Wiederum erfordert die Behandlung ein gewaltsames Eindringen. Dieses Mal ist es jedoch anderer Art. Die Behandlung impliziert ein gewißes Quantum an chemo- und radiotherapeutischer Fremdheit. Während das Lymphom am Körper nagt und ihn bis zur Erschöpfung treibt, greift die Behandlung ihn an, läßt ihn auf verschiedene Arten leiden. Das Leiden ist das Verhältnis zwischen einem Eindringen und seiner Abwehr. Selbst das Morphium, das den Schmerz lindert, bringt ein anderes Leiden hervor, das Leiden des Abstumpfens und des Abdriftens.

Die ausgefeilteste Behandlung trägt den Namen "Autotransplantation" (oder "Verpflanzung von Stammzellen"). Nachdem man die Produktion von Lymphozyten durch "Wachstumsfaktoren" belebt hat, werden mir in der Abfolge von fünf Tagen weiße Blutkörperchen entnommen. Dabei stellt man einen externen Blutkreislauf her und ermöglicht so die Entnahme. Man friert die Körperchen ein. Dann muß ich mich drei Wochen lang in einem sterilen Zimmer aufhalten. In dieser Zeit praktiziert man eine sehr intensive Chemotherapie, die die Markbildung zum Stillstand bringt. Sie wird durch das Einspritzen der eingefrorenen Stammzellen wieder angeregt (ein eigenartiger Knoblauchgeruch füllt das Zimmer). Die Schwächung des Immunsystems erreicht einen äußersten Punkt; bevor die Erzeugung von Lymphozyten wieder angeregt wird, leide ich unter starkem Fieber, Mykosen und Funktionsstörungen aller Art.

Man fühlt sich nach diesem Abenteuer verirrt und verwirrt.

«reconnaître» n'a plus de sens. On n'est, très vite, qu'un flottement, une suspension d'étrangeté entre des états mal identifiés, entre des douleurs, entre des impuissances, entre des défaillances. Se rapporter à soi est devenu un problème, une difficulté ou une opacité : c'est à travers le mal, ou bien la peur, ce n'est plus rien d'immédiat - et les médiations fatiguent.

L'identité vide d'un «je» ne peut plus reposer dans sa simple adéquation (dans son «je=je») lorsqu'elle s'énonce : «je souffre» implique deux je l'un à l'autre étrangers (se touchant pourtant). Il en va de même de «je jouis» (on pourrait montrer comment cela s'indique dans la pragmatique de l'un et de l'autre énoncé) : mais dans «je souffre», un je rejette l'autre, tandis que dans «je jouis» un je excède l'autre. Cela se ressemble, sans doute, comme deux gouttes d'eau : ni plus, ni moins.

*

Je finit/s par n'être plus qu'un fil ténu, de douleur en douleur et d'étrangeté en étrangeté. On en vient à une certaine continuité dans les intrusions, à un régime

Man erkennt sich nicht wieder. Doch hat es keinen Sinn, weiterhin von einem “Wiedererkennen” zu reden. Bald schwebt man nur noch, in der Fremdheit einer Suspension, zwischen Zuständen, die man nicht richtig bestimmen kann, zwischen Schmerzen, Ohnmacht und Versagen. Sich zu sich selber zu verhalten ist zu einem Problem geworden, zu etwas Schwierigem und Undurchsichtigem. Es geschieht durch Schmerz, Leiden oder Angst hindurch, und ist nichts Unmittelbares mehr. Vermittlungen aber ermüden.

Wird sie zum Ausdruck gebracht, kann die leere Identität eines “Ich” nicht mehr auf einer einfachen Entsprechung und Anpassung beruhen, sie kann nicht länger in einem “Ich = Ich” bestehen. “Ich leide” beinhaltet zwei “Ich”, die beide einander fremd sind - und die sich dennoch berühren. So ist es auch um die Formel “Ich komme” bestellt. Man könnte nachweisen, daß sich dieser Umstand in der Pragmatik der beiden Formeln zu erkennen gibt. In der Formel “Ich leide” verstößt jedoch das eine Ich das andere, während in der Formel “Ich komme” das eine Ich das andere übersteigt. Die Formeln ähneln sich wohl wie Wassertropfen: so weit reicht ihre Ähnlichkeit, aber auch nicht weiter.

*

Von Schmerz zu Schmerz, von Fremdheit zu Fremdheit ist - bin “ich” am Ende nichts als ein dünner Faden. Man gelangt an einen Punkt, an dem das wiederholte Eindringen einen Zusammenhang bildet, eine fortbestehende Ordnung

permanent de l'intrusion : aux prises plus que quotidiennes de médicaments et aux contrôles en hôpital s'ajoutent les suites dentaires de la radiothérapie, ainsi que la perte de la salive, le contrôle de la nourriture, celui des contacts contagieux, l'affaiblissement des muscles et celui des reins, la diminution de la mémoire et de la force pour travailler, la lecture des analyses, les retours insidieux de la mucite, de la candidose ou de la polynévrite, et ce sentiment général de ne plus être dissociable d'un réseau de mesures, d'observations, de connexions chimiques, institutionnelles, symboliques qui ne se laissent pas ignorer comme celles dont est toujours tissée la vie ordinaire, mais qui, tout au contraire, tiennent expressément la vie sans cesse avertie de leur présence et de leur surveillance. Je deviens indissociable d'une dissociation polymorphe.

Ce fut toujours plus ou moins la vie des malades et des vieillards : mais précisément, je ne suis exactement ni l'un ni l'autre. C'est ce qui me guérit qui m'affecte ou qui m'infecte, c'est ce qui me fait vivre qui me vieillit prématurément. Mon cœur a vingt ans de moins que moi, et le reste de mon corps en a une douzaine (au moins) de plus que moi. Ainsi rajeuni et vieilli à la fois, je n'ai plus d'âge propre et je n'ai plus proprement d'âge. De même n'ai-je plus proprement de métier, sans être à la retraite. De même ne suis-je rien de ce que j'ai à être (mari, père, grand-père, ami)

des Eindringens. Zu der ganz und gar alltäglich gewordenen Einnahme von Medikamenten und den Kontrolluntersuchungen im Krankenhaus kommen die Auswirkungen der Radiotherapie auf die Zähne hinzu, der Verlust des Speichels, die Überwachung der Nahrung und der ansteckenden Berührungen, die Schwächung der Muskel und der Nieren, die Verminderung des Erinnerungsvermögens und der Arbeitskraft, die Lektüre der Analysen und ihrer Ergebnisse, die heimtückische Rückkehr der Schleimhautentzündung, der Candidose, der Polyneuritis, das allgemeine Gefühl, nicht mehr von einem Netz unterscheidbar zu sein, das Maßnahmen und Beobachtungen spinnen, chemische, institutionelle und symbolische Verbindungen, die nicht unbemerkt bleiben können wie jene des gemeinen Lebens, ja deren Gegenwart und Aufsicht das Leben ständig und ausdrücklich an sie mahnen. Ich bin nunmehr unablösbar von einer polymorphen Auflösung.

Das Leben der Kranken und Alten hat mehr oder weniger immer so ausgesehen. Doch bin ich weder einfach ein Kranker noch bloß ein Alter. Was mich heilt, affiziert oder infiziert mich, was mich am Leben erhält, läßt mich frühzeitig altern. Mein Herz ist zwanzig Jahre jünger als ich, der Rest meines Körpers ist (mindestens) ein dutzend Jahre älter. Gleichzeitig verjüngt und gealtert, habe ich kein eigenes und angemessenes Alter mehr, bin ich eigentlich alterslos. Auch habe ich nicht länger einen wirklichen Beruf, ohne bereits im Ruhestand zu sein. Ich bin nichts von dem, was ich sein soll (Ehemann, Vater, Großvater,

sans l'être sous cette condition très générale de l'intrus, des divers intrus qui peuvent à chaque instant prendre ma place dans le rapport ou dans la représentation d'autrui.

D'un même mouvement, le «je» le plus absolument propre s'éloigne à une distance infinie (où passe-t-il ? en quel point fuyant d'où proférer encore que ceci serait *mon* corps ?) et s'enfonce dans une intimité plus profonde que toute intériorité (la niche inexpugnable d'où je dis «je», mais que je sais aussi béante qu'une poitrine ouverte sur un vide ou que le glissement dans l'inconscience morphinique de la douleur et de la peur mêlées dans l'abandon). *Corpus meum* et *interior intimo meo*, les deux ensemble pour dire très exactement, dans une configuration complète de la mort de dieu, que la vérité du sujet est son extériorité et son excessivité : son exposition infinie. L'intrus m'expose excessivement. Il m'extrude, il m'exporte, il m'exproprie. Je suis la maladie et la médecine, je suis la cellule cancéreuse et l'organe greffé, je suis les agents immuno-dépresseurs et leurs palliatifs, je suis les bouts de fil de

Freund), ich bin es nur unter der recht allgemeinen Bedingung des Eindringlings, unter der Bedingung verschiedener Eindringlinge, die in meinem Verhältnis zum anderen oder in der Vorstellung des anderen meinen Platz in jedem Augenblick einnehmen können.

Das "Ich", das am gewißesten mein eigenes "Ich" ist, folgt einer einzigen Bewegung, wenn es sich unendlich weit entfernt (wohin geht es, an welchem fliehenden Punkt hält es sich auf, der es ihm noch erlaubt, von *meinem* Körper zu sprechen?) *und* in eine Vertrautheit eindringt, die tiefer liegt als alle Innerlichkeit (in die uneinnehmbare Nische, von der aus ich "ich" sage und von der ich weiß, daß sie über einer Leere klafft wie eine offene Brust oder wie das Abgleiten in die Bewußtlosigkeit, die das Morphium verursacht, Bewußtlosigkeit des Schmerzes und der Angst, die in der Preisgabe nicht mehr auseinandergehalten werden können). *Corpus meum* und *interior intimo meo*, beides, um in der unabänderlichen Konfiguration, die der Tod Gottes bildet, den Umstand zum Ausdruck zu bringen, daß die Wahrheit des Subjekts in seiner Äußerlichkeit und Unverhältnismäßigkeit besteht: in seiner unendlichen Aussetzung. Der Eindringling setzt mich unverhältnismäßig aus. Er bewirkt meinen Ausstoß, trägt mich heraus und enteignet mich. Ich bin die Krankheit und die Medizin, ich bin die kanzeröse Zelle und das verpflanzte Organ, ich bin die das Immunsystem schwächenden Kräfte und deren Palliative, ich bin die Enden der eisernen Fäden, die meinen Brustkorb zusammenhalten, und die Einspritzöffnung, die für den Rest meines Lebens unterhalb meines Schlüssel-

fer qui tiennent mon sternum et je suis ce site d'injection cousu en permanence sous ma clavicule, tout comme j'étais déjà, d'ailleurs, ces vis dans ma hanche et cette plaque dans mon aine. Je deviens comme un androïde de science-fiction, ou bien un mort-vivant, comme le dit un jour mon dernier fils.

Nous sommes, avec tous mes semblables de plus en plus nombreux[1], les commencements d'une mutation, en effet : l'homme recommence à passer infiniment l'homme (c'est ce qu'a toujours voulu dire la «mort de dieu», en tous ses sens possibles). Il devient de qu'il est : le plus terrifiant et le plus troublant technicien, comme Sophocle l'a désigné depuis vingt-cinq siècles, celui qui dénature et refait la nature, qui recrée la création, qui la ressort de rien et qui, peut-être, la reconduit à rien. Celui qui est capable de l'origine et de la fin.

*

L'intrus n'est pas un autre que moi-même et l'homme lui-même. Pas un autre que le même qui n'en finit pas de s'altérer, à la fois aiguisé et épuisé, dénudé et suréquipé, intrus dans le monde aussi bien qu'en soi-même, inquiétante poussée de l'étrange, *conatus* d'une infinité excroissante.

beins angebracht worden ist, so wie ich früher bereits die Schrauben in meiner Hüfte und die Platte in meinem After war. Ich verwandle mich in den Androiden der Science-Fiction oder in einen Scheintoten, wie mein jüngster Sohn es einmal ausgedrückt hat.

Gemeinsam mit all meinen immer zahlreicher werdenden Nächsten,[1] bin ich - sind wir tatsächlich die Anfänge einer Mutation. Der Mensch beginnt (stets wieder) damit, den Menschen unendlich zu übersteigen (nichts anderes bedeutet die Rede vom "Tod Gottes", wie immer man sie auch deutet). Er wird zu dem, was er ist, zu dem schreckenerregendsten und beunruhigendsten aller Techniker, als den Sophokles ihn vor fünfundzwanzig Jahrhunderten bezeichnet hat, zu dem, der die Natur denaturiert und neu schafft, zu dem, der die Schöpfung wieder erfindet, zu dem, der sie aus dem Nichts heraustreten läßt und vielleicht erneut dem Nichts zuführt. Zu dem, der des Ursprungs und des Endes mächtig ist.

*

Der Eindringling ist kein anderer als ich selber - als der Mensch selbst. Kein anderer als der Selbe, der nicht aufhört, sich zu verändern, scharfsinnig und doch erschöpft, entblößt und doch übermäßig ausgestattet, Eindringling sowohl in der Welt als auch in sich, aufwühlender Stoß des Fremden, *conatus* einer wuchernden Unendlichkeit.

[*] dans 84, n°5-6, 1948, p.103.

[1] Je rejoins certaines pensées d'amis : Alex parlant en allemand d'être»un-eins» avec le Sida, pour dire une existence dont l'unité tient dans la division et le discord avec soi-même, ou Girogio parlant en grec d'un bios qui n'est que zoé, d'une forme de vie qui ne serait plus que la simple vie maintenue. Cf. Alex Garcia-Düttmann, Uneins mit Aids, Frankfurt a.Main, Fischer, 1993, et Giorgio Agamben, Homo sacer I, Torino, Einaudi, 1995 (trad. française, Seuil, 1997). Pour ne rien dire des greffes, suppléments et prothèses de Derrida. Et un dessin de Sylvie Blocher, «Jean-Luc avec un cœur de femme».

[1] Ich schließe an bestimmte Gedanken von Freunden an. Um von einem Dasein zu sprechen, dessen Einheit in der Gespaltenheit und im Streit mit sich selber besteht, redet Alex auf deutsch davon, daß man "un-eins mit Aids" sein soll. Um von einer Lebensform zu handeln, die mit dem bloßen Leben zusammenfällt, redet Giorgio auf griechisch von einem bios, der zoe ist. Vgl. Alexander García Düttmann, Uneins mit Aids, Frankfurt am Main: Fischer 1993, und Giorgio Agamben, Homo Sacer, erster Band, Turin: Einaudi 1995 (deutsche Übersetzung demnächst bei Suhrkamp), *Bartleby oder die Kontingenz,* gefolgt von *Die absolute Immanenz,* Berlin: Merve 1998. Auch über Derridas Aufpfropfungen, Supplemente und Prothesen wäre an dieser Stelle viel zu sagen. Und über eine Zeichnung von Sylvie Blocher, "Jean-Luc mit Frauenherz".

EX NIHILO

Le monde qui, celui-ci, est ici donné et rien d'autre, et qui ci-gît (cliquez ici pour ouvrir ce monde), tombé là d'une exhalaison noire d'énergie instantanée, onde élémentaire, déflagration de photons dans la densité d'un vide abîmé, en soi retourné sombre et sonore citerne : pur dehors de soi, large étalement craquant, déchirure de quarks, scansion métrique pulsée, jet sans projet, projection tous azimuts, création d'éclats, jection.

De rien fit poussée, fut poussé, excroissance à cru d'un bulbe d'univers, tubéreuse dilatée, crue de galaxies, expansion de constellations et de poussières, montée lacteuse exubérante, hyperbole exponentielle de mondes grouillant dans le monde, fait de rien, autant défait, occupant place aucune dans nul espace hors lui, tout de partout entretissé de liens de rien.

Matière pas même formée d'informe : mais informe moelle informée de rien. («Qui mène ce monde malmené ?» :

EX NIHILO

Die Welt, diese, die hier gegeben ist, nichts anderes, die Welt, die hier liegt (clicken Sie hier um diese Welt zu öffnen), da hingestürzt aus der schwarzen Ausdünstung eines plötzlichen Energieschubs, elementare Welle, Aufflackern der Photonen in der Dichte einer versunkenen, in sich gekehrten Leere, dunkle und tönende Zisterne: reines Außersichsein, krachende Ausbreitung weitum, Riß der Quarks, pulsartiges metrisches Skandieren, Wurf ohne Entwurf, allseitige Projektion, Bildung schimmernder Ausbrüche, Schleuderbewegung.

Stoß und Auftrieb, aus nichts entstanden, von nichts herkommend, roher Auswuchs einer Allknolle, Knollengewächs, das sich ausdehnt, Wachstum von Galaxien, Ausbreitung von Konstellationen und Staubwolken, überschäumendes milchartiges Aufsteigen, Hyperbel, die ein anwachsendes Weltengewimmel in der Welt beschreibt, Welt, geschaffen aus nichts und darum bereits aufgelöst, keinen Platz einnehmend in einem Raum außerhalb ihrer, alles von allen Seiten her verwoben und verknüpft mit Bändern aus nichts.

Materie, die nicht einmal gestaltet vom Ungestalten und Gestaltlosen: vielmehr gestaltloses und ungestaltes Mark, das durch nichts gebildet. ("Wer regiert diese übel zuge-

pas question, non, pas question, mais à corps et à cris se récrie.) L'âme du monde : ballon de gaz prêt à claquer.

Le temps se tend. Craque sans avoir commencé, tasse et casse une masse de présent sans passé, écarquille l'instant sans précédent, crevasse de rien.

Présent se tend hors du présent, cesse brutal d'être présent et d'être rien. Cesse d'être égal à soi, inerte trajectoire sur place. Cesse hurlant de rien, ne cesse pas, mais presse.

Sans modèle, sans référence, sans premier pas, sans provenance, sans possibilité de dire «sans» : puisque rien n'est là que de lui, de rien. Rien sans lui, et lui, de rien. Nuit ou puits, lui ne luit pas.

Monde tout pareil à celui-ci et que mon industrie fera surgir devant vos yeux, en telle sorte que vous ne le pourrez distinguer du vôtre. Sinon distinguer que de rien, et découvrir l'angoisse et l'espace.

richtete Welt?": keine Frage, nein, keine Frage, doch lauter, dringlicher, körperlicher Aufschrei.) Die Seele der Welt: Gasball, der jeden Augenblick platzen kann.

Die Zeit dehnt und spannt sich. Kracht, knarrt, geht in die Brüche, ohne je angefangen zu haben, häuft eine Masse Gegenwart an, die keine Vergangenheit hat, zerstört sie, spreizt den nie dagewesenen Augenblick, den Augenblick, dem nichts vorausgeht, Riß, Spalt, Kluft, zwischen nichts und nichts.

Die Gegenwart dehnt und spannt sich über das Gegenwärtige hinaus, hört plötzlich und gewaltsam auf, gegenwärtig zu sein, nicht zu sein, hört auf, sich selber zu gleichen, bewegungslose Bahn, die sich nicht fortbewegt. Brüllendes Aufhören, mit dem nichts aufhört. Es hört nicht auf, sondern drängt und drückt.

Ohne Leitbild, ohne Bezugspunkt, ohne ersten Schritt, ohne Herkunft, ohne die Möglichkeit, "ohne" zu sagen: nichts ist da als jenes, was von ihr herrührt, von nichts. Nichts ohne sie, sie aber von nichts herrührend. Nacht oder Schacht, sie erstrahlt nicht.

Welt, die dieser ganz und gar ähnelt und die meine Ku fertigkeit vor Euren Augen wird aufgehen lassen, so, daß Ihr sie nicht mehr von Eurer Welt unterscheiden könnt. Von nichts werdet Ihr sie unterscheiden können, die Angst und den Raum entdecken.

Sursauts gamma, trous noirs, profusion d'immanence levée, pâte au four de quelque chose.

Minéraux spongieux fusionnés refroidis, croûtes liquides, fosses et pics, fougères, ombelles et prêles, osmondes, protozoaires, grands squelettes charnus, de rien, estomacs osseux, bêtes accouplées, bipèdes sans plumes, roseaux à gorge déployée, ombre d'une pensée, de rien.

Fresques et pieds d'argile, pots et poêles, sel, ouvrages mécaniques, érections, actions secrètes, incendies, trafic, commerce, marchandise, l'âme du monde : le monde lui-même, le monde même, de rien, d'une inexistence jusqu'au drame rejouée. L'aurore aux doigts de rose et l'homme au terrible savoir-faire. Tout un drame de rien.

Décharge d'immondice ouverte à la pelleteuse, orifice du monde. Déjections, carcasses, sentiments brisés.

Forêts vierges mais pas pour longtemps, philosophies éléphantesques. Théologies remerciant obligées pour ce monde, et réponse : « de rien ». Matière inqualifiable et nul ouvrier qualifié. Casse ou bricolage à sec.

Ruckartige Gamma-Bewegungen, schwarze Löcher, überwältigende Fülle aufgehender Immanenz, backende Masse von etwas.

Schwammige verschmolzene erkaltete Mineralien, flüßige Krusten, Gruben und Spitzen, Farnkraut, Dolden und Halme, Königsfarn, Einzeller, große fleischige Skelette, bestehend aus nichts, knochige Bäuche, sich paarende Tiere, federlose Zweifüßer, Schilf mit weit offenem Rohr, Schatten eines Gedankens, von nichts.

Fresken und tönerne Füße, Töpfe und Pfannen, Salz, mechanische Veranstaltungen, Erektionen, geheime Handlungen, Brände, Verkehr, Handel, Ware, die Seele der Welt: die Welt selber, von nichts herrührend und aus nichts bestehend, nicht vorhanden bis zum wiederholten Schauspiel. Die Morgenröte mit den rosigen Fingern und der Mensch mit dem schrecklichen Geschick. Alles ein Schauspiel, das nichts zur Schau stellt, ein Drama um nichts.

Müllkippe, offen für einen Schaufellader, Öffnung der Welt. Ausleerungen, Gerippe, enttäuschte Gefühle.

Urwälder, aber nicht mehr lange, riesige und ungeheure Philosophien, wie Elephanten. Theologien, die sich, verbunden, für diese Welt bedanken und als Antwort erhalten: “Keine Ursache”. Unbeschreibbare Materie und kein fähiger Arbeiter. Zerbrechen oder mittellose Bastelei.

Matière bornée se bornant de partout. Bornant esprit. Expansion des choses infinies évaporée dans un parfum funèbre. Navettes, puces. Grand deuil, fracas, pleurs, grincements et os pourris : à peine fait de rien ça s'use, ça se ronge. Cancer serrant le cœur. N'a pas d'autre usage. Et rien à dire enfin. Enfin et surtout rien de rien. Rien à regretter ni attendre.

Pourquoi attendre ce qui déjà est là, de rien ? Quoi en attendre ? Un rien de plus, un rien en plus (il s'en faut de rien) : c'est un excès, ou un accès. De rien, à rien. On l'a toujours su, et l'on vient trop tard. Mais ça recommence toujours. Ca n'est jamais trop tard. Jamais à temps, toujours hors temps. Juste des écarts de cadence. Un temps, un seul, à contretemps, et voilà l'effarante réalité des choses.

Te voilà effaré hibou dans la nuit du grenier qu'une torche allume d'un coup. Pupilles dilatées blouies de jour blanc qui révèle : rien que son éclat blanc. Optique en aiguille fichée cœur aveugle de l'œil saisi qui ci-gît ravi offusqué de rien. (Cliquez ici pour quitter.)

Begrenzte Materie, die sich überall Schranken auferlegt. Beschränkend(er) Geist. Ausdehnung von Unendlichem verdunstet und wird zum Grabesduft. Raumgleiter, Flöhe. Tiefe Trauer, Zerschmetterung, Tränen, Knirschen und verfaulte Knochen: fast aus nichts gemacht, nutzt es sich fast sofort ab, zehrt es sich auf. Krebs, der das Herz zusammenschnürt. Hat keine andere Verwendung. Und am Ende doch nichts zu sagen. Am Ende und vor allem überhaupt nichts. Nichts, was zu bereuen, nichts, was zu erwarten.

Weshalb erwarten, was schon da ist, von nichts herrührend? Was davon erwarten? Ein "nichts weiter", ein "nichts mehr" (es bedarf "gar nichts weiter"): ein Übermaß oder ein Zugang. Von nichts zu nichts. Man hat es schon immer gewußt und man kommt zu spät. Doch fängt es immer wieder an. Es ist nie zu spät. Nie zeitig, stets außerhalb der Zeit, zeit-los. Nichts als die Abstände der Kadenz. Ein Takt, eine Zeit, bloß eine, unzeitig, so sieht die bestürzende Wirklichkeit der Dinge aus.

Nun bist du außer Dir Eule in der Nacht des Speichers, den eine Fackel plötzlich erhellt. Erweiterte Pupillen geblendet von weißem Tag der belichtet und offenbart: nichts als sein weißes Aufblitzen. Optik der einstechenden Nadel blindes Herz eines beschlagnahmten Auges hier liegt es hingerissen benommen von nichts durch nichts. (Clicken Sie hier um das Programm zu beenden.)

Letzte Veröffentlichungen von Jean-Luc Nancy:

Corpus, Paris AM Métailié, 1992

Le sens du monde, Paris, Galilée, 1993

Etre singulier pluriel, Paris, Galilée, 1996

Hegel, l'inquiétude du négatif, Paris, Hachette, 1997

La naissance des seins, Valence, ERBA, 1997

La Ville au loin, Paris, 1001 Nuits, 1999

INTERNATIONALER MERVE DISKURS

61 Foucault, Mikrophysik der Macht
67 Deleuze/Guattari, Rhizom
68 Deleuze/Foucault, Der Faden ist gerissen
69 Lyotard, Das Patchwork der Minderheiten
71 Cixous, Die unendliche Zirkulation des Begehrens
75 Lyotard, Intensitäten
77 Foucault, Dispositive der Macht
79 Baudrillard, Kool Killer oder Der Aufstand der Zeichen
80 Virilio, Fahren, fahren, fahren...
81 Baudrillard, Agonie des Realen
82 Irigaray, Das Geschlecht das nicht eins ist
83 Klossowski/Foucault/Deleuze, Sprachen d. Körpers
84 Deleuze, Ein Nietzsche-Lesebuch
87 Charles, John Cage oder die Musik ist los
90 Virilio, Geschwindigkeit und Politik
95 Deleuze, Kleine Schriften
94 Cixous, Weiblichkeit in der Schrift
99 Godard, Liebe Arbeit Kino
100 Szeemann, Museum der Obsessionen
101 W.Müller (Hg.), Geniale Dilletanten
102 Lyotard, Affirmative Ästhetik
105 Bonito Oliva, Im Labyrinth der Kunst
110 Seitter, Der große Durchblick. Unternehmensanalysen
112 Baudrillard, Laßt Euch nicht verführen!
113 Barthes, Cy Twombly
114 Lotringer, New Yorker Gespräche
116 Virilio/Lotringer, Der reine Krieg
118 Fitzgerald, Knacks / Deleuze, Porzellan und Vulkan
121 Foucault, Von der Freundschaft

122 Cage/Charles, Für die Vögel
124 Böhringer, Begriffsfelder. Philosophie zur Kunst
126 Veyne, Aus der Geschichte
127 Vuarne, Der Künstler-Philosoph
128 Kneubühler, Wegsehen
129 Lyotard, Malerei u. Philosophie
130 Kostelanetz, Autobiographien. NY - Berlin
132 Virilio, Ästhetik des Verschwindens
133 Foucault, Vom Licht des Krieges
134 Taubes, Ad Carl Schmitt. Gegenstrebige Fügung
135 Borngräber (Hg.), Berliner Design-Handbuch
136 Blixa Bargeld, Stimme frißt Feuer
138 Borges/Santiago/Casares, Die Anderen (Drehbuch)
139 Deleuze, Spinoza. Praktische Philosophie
140 de Certeau, Kunst des Handelns
141 Seitter, Das politische Wissen im Nibelungenlied
142 Hosokawa, Der Walkman-Effekt
143 Luhmann, Archimedes und wir
145 Ingold, Das Buch im Buch
146 Philosophie der neuen Technologien
147 Charles, Zeitspielräume. Performance Musik Ästhetik
148 Deleuze/Foucault u.a., Pariser Gespräche. Hg. F. Ewald
149 Virilio, Die Sehmaschine
151 Böhringer, Moneten. Kunst zur Philosophie
152 ars electronica (Hg.), Im Netz der Systeme
153 Deleuze, Kants kritische Philosophie
154 Seitter, Versprechen, versagen
155 Acker, Ultra light-last minute-ex+pop-literatur
156 Baudrillard, Das Jahr 2000 findet nicht statt
157 Von d. Bürokratie zur Telekratie. Weibel, Virilio u.a.
158 Wiener, Probleme der Künstlichen Intelligenz

159 Platz machen, Hg. A. Brandolini und "steirischer herbst"
160 Prigogine/Stengers/Pahaut/Serres, Anfänge
161 Zizek, Liebe Dein Symptom wie Dich selbst!
162 Ruhm? Eine Le Monde-Umfrage
163 Lotringer, Foreign Agent
165 Virilio, "Das irreale Monument". Der Einstein-Turm
166 Deleuze, Woran erkennt man den Strukturalismus?
167 Foucault, Was ist Kritik?
168 Bonito Oliva, Eingebildete Dialoge
169 Baudrillard, Transparenz des Bösen
170 Deleuze, Proust und die Zeichen
171 Haerle (Hg.), Karten zu "Tausend Plateaus"
172 Schickel, Gespräche mit Carl Schmitt
173 Seitter, Piero della Francesca
174 Glasmeier (Hg.), Periphere Museen
175 Zischler, Tagesreisen
176 Böhringer, Orgel und Container
177 Virilio, Revolutionen der Geschwindigkeit
178 Böhringer, Was ist Philosophie?
179 Seitter, Distante Siegfried-Paraphrasen
180 v. Foerster, KybernEthik
181 Jabès, Der vorbestimmte Weg
182 Deleuze, Bartleby oder die Formel
183 Rosset, Das Prinzip Grausamkeit
184 Baudrillard, Die Illusion des Endes
185 Dirk Baecker, Postheroisches Management
186 Charles, Musketaquid. Cage, Ives u.a.
187 Schliemann, Reise durch China u.Japan 1865
188 Grenier, Über Indien
189 Schmidgen (hg.) Ästhetik u. Maschinismus
190 O'Doherty, In der weißen Zelle

191 You can't judge a book by its cover (CD)
192 Jarman Chroma. Ein Buch der Farben
193 Klugheitslehre: militia contra malicia
194 Jabès/Nono/Cacciari Migranten
195 Guattari/Virilio/u.a. Takamatsu ein Architekt
196 Gilbert-Rolfe, Schöne und Erhabene von heute
197 Foucault, Diskurs und Wahrheit
198 Deleuze, Lust und Begehren
199 Baudrillard/Guillaume, Reise zu einem anderen Stern
200 Gracian, Der Held
201 Garland, Reise zu 100 Tempeln...
202 Derrida, Einige Statements...
203 Buci-Glucksmann, Der kartographische Blick
204 Westbam/Goetz, Mix, Cuts & Scratches
205 Rosset, Die Wahl der Worte
206 Garland, Six American Composers
208 Baecker, Poker im Osten
209 Böhringer, Auf dem Rücken Amerikas
210 Jaspers, Strindberg und van Gogh
211 Kapielski, Davor kommt noch
212 Schmidt, Von Raum zu Raum
213 Jeudy, Stadterfahrungen
214 Agamben, Bartleby oder die Kontingenz
215 Kapielski, Danach war schon
216 Onfray, Die Formen der Zeit
218 Foucault, Die Malerei von Manet
219 Jullien, Über das Fade. Eine Eloge.
220 Qrt , Schlachtfelder der elektronischen Wüste
221 Virilio/Kittler/Hagen u.a., Mehr Licht
222 Qrt, Tekknologic,Tekknowledge,Tekgnosis
223 Stingelin, Das Netzwerk von Gilles Deleuze
224 Jullien, Über die Wirksamkeit